Agnès Etienne • Christiane Buomberger

PATCHWORKS

SANS COUTURE

sur

Carton - Mousse

COMPOSITIONS FACILES

volume 2

Éditions Didier CARPENTIER

Le patchwork sur carton-mousse
est une technique simple à la portée de tous ;
il n'est pas nécessaire de savoir coudre
pour la pratiquer.

Des tableaux pleins de fraîcheur vous sont proposés dans cet ouvrage.
Leurs réalisations vous sont expliquées pas à pas avec des photos d'étapes
qui en illustrent leurs cheminements,
ainsi que des dessins à taille réelle dans le patron central
qui vous permettront de les reproduire fidèlement.

Bon courage et amusez-vous bien !

Remerciements

Nicole Chaumeil • Marie Paule Mazard • Chantal Cretin •
Michèle Defaut • Nicole Claus et Josette Leguillon

SOMMAIRE

Suggestions
Tissus Noël

Conseils Généraux

Matériel et Fournitures

- du carton-mousse de 10 mm d'épaisseur ou du carton-mousse adhésif de 5 mm
- un cutter de précision
- un réglet de 50 cm
- de la colle en bombe
- de la colle universelle sans solvant
- de la colle repositionable
- du papier-journal
- un crayon à papier
- des crayons
- une gomme
- du papier calque
- un feutre fin noir
- des feutres de couleurs
- un stylo-correcteur blanc
- une petite paire de ciseaux à bouts recourbés
- une vitre/gabarit de 18 × 24 cm et une de 24 × 30 cm *(dimensions standards des cadres)*
- des attaches de suspension
- des tissus à patchwork *(coton fin)*
- de la ouatine ou du molleton.

Le report du dessin

Choisissez un modèle dans le patron central. Reportez le dessin soit en le décalquant, soit en appliquant la photocopie du modèle sur une plaque de carton-mousse encollée (ou adhésive) et découpée aux mêmes dimensions. Posez ensuite la vitre-gabarit sur la plaque *(côté dessin),* positionnez le dessin par transparence et découpez le surplus de carton-mousse en suivant le contour de la vitre qui vous servira de guide.

L'encollage du carton-mousse

Travaillez dans un local bien aéré ou à l'extérieur.
Étalez le papier-journal sur votre table de travail. Posez dessus la plaque de carton-mousse en la centrant. Prenez la bombe de colle et secouez-la. Vaporisez en effectuant des mouvements horizontaux et verticaux sur toute la surface de la plaque. Arrêtez votre geste au niveau du papier-journal afin qu'il n'y ait pas de dépôt de colle sur les bords de la plaque, ce qui aurait pour effet de faire cloquer la photocopie.
Vous pouvez toutes fois utiliser du papier rigide (170 g-maximum) ce qui donnera une meilleure tenue.

La photocopie

Commencez par vérifier si le dessin est aux dimensions de l'encadrement final. Pour cela, posez dessus la vitre/gabarit correspondante.
Si cela est nécessaire, agrandissez-le ou réduisez-le sur un photocopieur. Blanchissez à l'aide du stylo-correcteur les traits qui ne concernent pas le dessin à reproduire. Faites une deuxième photocopie en prenant soin de bien centrer le dessin sur la vitre du photocopieur.
Dans le cas d'un encadrement de format 18 × 24 cm, utilisez une feuille de papier A4 (21 × 29,7 cm). Pour un format 24 × 30 cm, utilisez une feuille de papier A3 (29,7 × 42 cm).

Le prédécoupage

À l'aide du cutter de précision, incisez le carton-mousse sur une profondeur de 5 mm environ.
Vous devez effectuer cette opération sur tous les traits du dessin.

La pose du tissu

Découpez chaque morceau de tissu aux dimensions de la zone à recouvrir en prévoyant pour chacun une marge tournante de 1 à 2 cm environ. Vous pouvez également reporter la forme de chaque zone sur une feuille de papier (ou faire une photocopie supplémentaire) que vous découpez pour faire un gabarit. Posez le morceau de tissu sur la surface à recouvrir, puis, à l'aide du dos de la lame du cutter, rentrez 5 mm de tissu dans la fente. Si cela est nécessaire, avec la petite paire de ciseaux, coupez le surplus de tissu au ras de la surface à recouvrir en suivant le contour de la forme, puis faites rentrez cette découpe disgracieuse dans l'épaisseur de la plaque.

L'utilisation de la ouatine et du molleton

Pour donner du relief à votre réalisation, utilisez de la ouatine ou du molleton. Découpez en un morceau de dimensions légèrement inférieures à la surface à recouvrir.
Glissez-le entre la plaque de carton-mousse et le tissu.
Pour réduire l'épaisseur du molleton, il suffit de le repasser avec un fer chaud en prenant soin de le protéger avec un tissu de coton.

L'encadrement

Afin de ne pas écraser le relief de l'ouvrage, posez quatre baguettes de balsa (section : 3 × 3 mm), ou deux passe-partout entre la vitre et la réalisation. Fixez au dos, une attache de suspension.

La petite Sophie

Dimensions du tableau
18 cm × 24 cm

Coupez le tissu en vous aidant éventuellement d'un gabarit.

FOURNITURES

- du carton-mousse de 18 × 24 cm
- six morceaux de tissus de couleurs différentes
- un crayon à papier
- une photocopie du dessin
- un feutre fin noir
- des crayons de couleur rouge et vert d'eau
- de la colle en bombe
- du ruban adhésif
- de la ouatine
- des cotons DMC 2400, 2405, 2421
- un cadre de 18 × 24 cm
- une attache de suspension.

RÉALISATION

Encollez la plaque de carton-mousse. Collez dessus la photocopie en l'appliquant progressivement, afin de ne pas faire de plis. Frottez légèrement pour obtenir une parfaite adhérence. Posez les tissus. Le chapeau, la manche et le ballon sont ouatinés. Repassez les traits au feutre noir. Colorez les illustrations avec les crayons de couleurs en vous reportant à la photographie.

Avec le dos de la lame du cutter, entrez le tissu dans l'incision.

LES CHEVEUX

Coupez 12 brins de cotons de couleurs différentes de 15 cm de long. Maintenez-les à l'aide du ruban adhésif. Nattez la tresse. Terminez en nouant un brin de laine. Coupez l'extrémité opposée à la longueur désirée. Rentrez la tresse dans l'incision en étalant les brins de laine afin que l'épaisseur à incruster ne soit pas trop grosse.

Coupez le tissu et rentrez l'excédant dans l'incision.

Introduisez la tresse dans l'incision.

Posez le molleton.

Joyeux anniversaire

Dimensions du cœur
34 cm × 32 cm

Fournitures

- du carton-mousse de 34 × 32 cm
- une aiguille à tricoter
- une paire de ciseaux cranteurs
- une photographie
- 50 cm de tissu
- de la colle universelle sans solvant
- un crayon
- une attache de suspension.

Réalisation

Dessinez un grand cœur sur la plaque de carton-mousse puis découpez la forme. Pratiquez une incision à 5 mm du bord et reportez-vous à la technique du tissu plissé expliquée ci-dessous. Tracez le demi-cœur au crayon à 30 mm du bord.
Avec la paire de ciseaux cranteurs, coupez une bande de tissu de 20 mm de large et posez-la en vous reportant à la technique du tissu piqué expliquée dans la réalisation de l'ourson en page 18.
Découpez ensuite la photographie en forme de petit cœur. Collez-la sur la plaque de carton-mousse puis perforez-en le contour tous les 5 mm à l'aide de l'aiguille à tricoter. Ce petit encadrement photo est exécuté en tissu piqué, de la même façon que le demi-cœur.

La technique du tissu plissé

À l'aide d'une paire de ciseaux cranteurs, coupez des bandes de tissu de 3 à 5 cm de large. Plissez et rentrez au fur et à mesure un côté de la bande dans l'incision pour créer le volant.

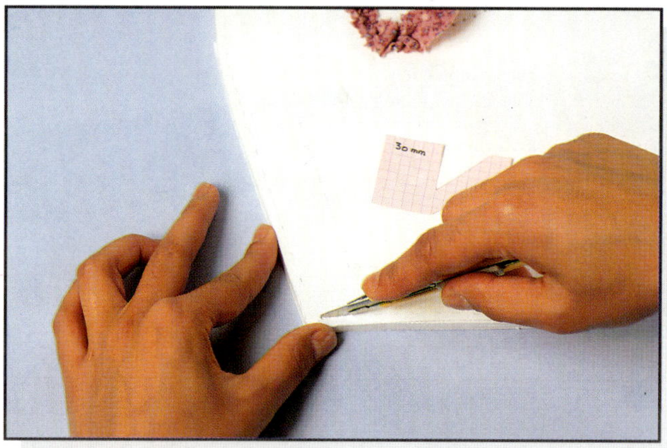

Incisez à 5 mm du contour du coeur.

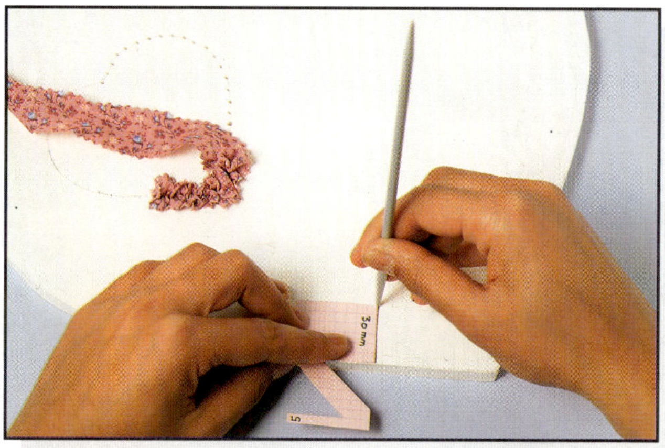

Demi-coeur, technique du tissu piqué.

Grand coeur, technique du tissu plissé.

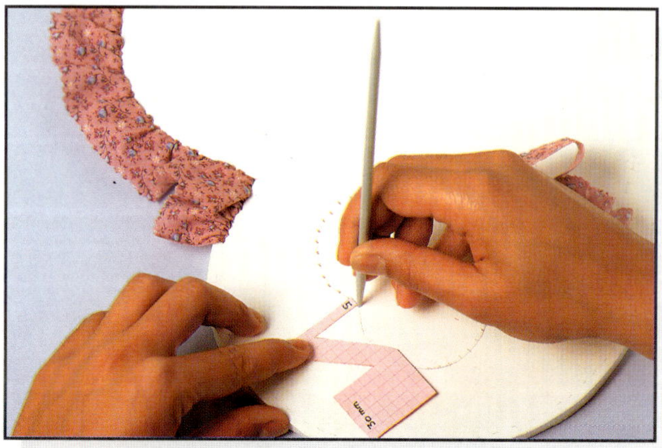

Petit coeur, technique du tissu piqué.

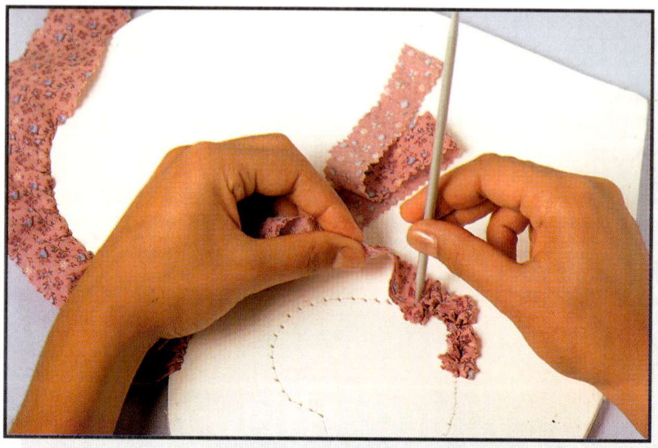

Enfoncez le tissu à l'aide d'une aiguille à tricoter.

Bonne fête

Dimensions du cadre
26 cm × 31 cm

Réalisation

Ce modèle est réalisé sur le même principe que le cœur (tissu piqué) et l'encadrement tissu (voir page 30).

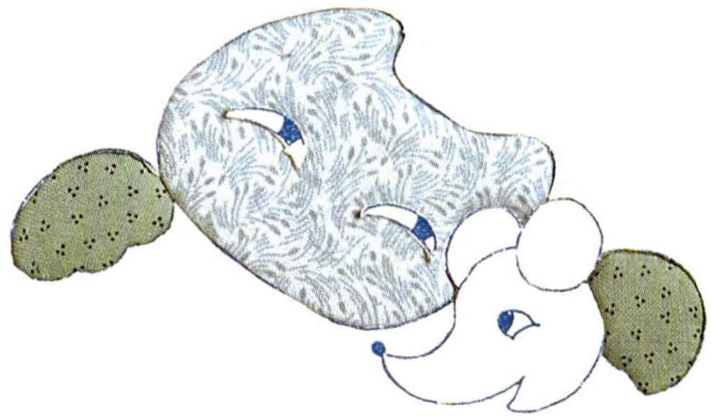

Les chats de la semaine

Dimensions du tableau
40 cm × 30 cm

FOURNITURES

- du carton-mousse de 32 × 44 cm
- quatre morceaux de tissus de couleurs différentes
- de la colle
- deux photocopies du dessin
- un cadre de 30 × 40 cm
- une attache de suspension.

RÉALISATION

Sur la plaque de carton-mousse collez la première photocopie du dessin des chats. Posez les tissus. Dans la deuxième photocopie, découpez les yeux des chats et collez-les directement sur les tissus.

Remarque : le dessin du tableau photographié ci-contre à été agrandi/centré sur une feuille de papier A3 (29,7 × 42 cm) et photocopié en encre bleu.

mardi
mercredi
Samedi
Dimanche
redi

Trois petits chats...

Dimensions du tableau
58 × 21 cm

Fournitures

- du carton-mousse de 58 × 21 cm
- quatre morceaux de tissus de couleurs différentes
- de la colle repositionable
- un feutre noir à pointe fine
- une feuille de papier blanc de 58 × 21 cm
- un stylo-correcteur blanc
- deux photocopies des dessins
- un cadre de 58 × 21 cm
- une attache de suspension.

Réalisation

Commencez par faire un montage en photocopiant les trois petits chats, en les découpant et en les collant sur la feuille de papier blanc (58 × 21 cm). Photocopiez le montage (voir remarque ci-dessous) et éliminez les traits superflus au stylo-correcteur blanc. Collez cette photocopie sur la plaque de carton-mousse. Posez les tissus. Découpez les yeux des chats dans la deuxième photocopie et collez-les directement sur les tissus.

Remarque : vous pouvez reproduire des dessins de grandes dimensions à l'aide d'une tireuse de plan d'architecture.

Qui rit vendredi…

Dimensions du tableau
30 cm × 24 cm

Fournitures

- du carton-mousse de 29,7 × 42 cm
- quatre morceaux de tissus de couleurs différentes
- des crayons de couleurs
- un feutre noir
- un cadre de 24 × 30 cm
- une attache de suspension.

Réalisation

Sur la plaque de carton-mousse reportez le dessin des chats. Posez les tissus. Mettez quelques touches sur la queue. Les détails sur le tissu sont faits au feutre noir.

Mercredi…

Dimensions du tableau
24 × 18 cm

Fournitures

- du carton-mousse de 21 × 29,7 cm
- quatre morceaux de tissus de couleurs différentes
- de la colle universelle sans solvant
- deux photocopies du dessin
- un cadre de 18 × 24 cm
- une attache de suspension.

Réalisation

Cette réalisation est identique à celle des *Chats de la semaine* présentée en page 12. La reproduction du dessin en photocopie est de couleur rouge.

Collez la feutrine.

Percez tous les 5 mm.

Rentrez le tissu, en forme de bouclettes.

L'ourson

Dimensions du tableau
18 cm × 24 cm

Fournitures

- du carton-mousse de 18 × 24 cm
- une feuille de papier calque de 18 × 24 cm
- un crayon
- un feutre fin noir
- une aiguille à tricoter
- 9 m × 1 cm de ruban à carreaux vichy bleu marine
- 3 m × 1 cm de ruban à carreaux vichy bleu clair
- de la colle universelle sans solvant
- de la feutrine rose
- deux boutons pour les yeux
- un cadre de 18 × 24 cm
- une attache de suspension.

Réalisation

Reportez à l'aide de la feuille du papier calque le dessin de l'ourson. Ce dernier est réalisé selon la technique du tissu piqué, expliquée ci-après. Les mains et le ventre sont en feutrine collée. La truffe et les moustaches sont dessinées au feutre noir. Les yeux sont cousus.

La technique du tissu piqué

À l'aide de l'aiguille à tricoter, pratiquez des trous tous les 5 mm, sur toute la surface à travailler. Posez le ruban (ou la bande ou les carrés de tissus), et enfoncez-le dans l'épaisseur de la plaque avec la pointe de l'aiguille à tricoter. Pour une meilleure tenue dans le temps, posez une goutte de colle dans les trous avant d'y introduire les tissus.

L'OIE CHAMPÊTRE

L'oie champêtre

Dimensions du tableau
30 cm × 24 cm

Fournitures

- du carton-mousse de 30 × 24 cm
- une feuille de papier calque de 30 × 24 cm
- du ruban adhésif
- cinq morceaux de tissus de couleurs différentes
- un crayon de couleur verte
- une épingle à tête noire pour l'œil
- un cadre de 24 × 30 cm
- une attache de suspension

Réalisation

Sur la plaque de carton-mousse reportez le dessin de l'oie selon la technique de transfert expliquée ci-après. Faites les illustrations et coloriez-les. Posez les tissus. Positionnez l'œil.

La technique du transfert

À l'aide d'un morceau de ruban adhésif, maintenez le calque ou la photocopie du modèle sur le carton-mousse. Incisez ensuite tous les traits du dessin.

L'oie en tenue de soirée

Dimensions du tableau
30 cm × 24 cm

Fournitures

- du carton-mousse de 30 × 24 cm
- une feuille de papier de couleur bleue
- de la colle en bombe
- du ruban adhésif
- une feuille de papier calque
- des morceaux de tissus précieux (bec et pattes)
- des chutes de mousseline (extrémités des ailes)
- de la dentelle (corps et base des ailes)
- de la gouache blanche
- un pinceau fin
- un cadre de 24 × 30 cm
- une attache de suspension.

Réalisation

Sur la plaque de carton-mousse collez la feuille de papier bleu. Reportez le dessin selon la technique du transfert expliquée en page 20 pour la réalisation de L'oie champêtre. Dessinez les tiges des fleurs à la gouache. Posez les tissus en les plissant dans les incisions pour confectionner le corps et les ailes.

Remarque : Le choix des tissus est important pour l'aspect final. Ils devront être fins et transparents afin de bien s'intégrer au fond bleu du support.

Le bélier

Dimensions du tableau
30 cm × 24 cm

Fournitures

- du carton-mousse adhésif de 30 × 24 cm
- une feuille de papier vert foncé
- une photocopie du dessin
- des morceaux de satin blanc, écru et doré
- de la colle universelle sans solvant
- du ruban adhésif
- de la ouatine
- un cadre de 24 × 30 cm
- une attache de suspension.

Réalisation

Sur la plaque de carton-mousse adhésif, positionnez la feuille de papier vert. Reportez le dessin du bélier selon la technique du transfert expliquée en page 20 pour la réalisation de L'oie champêtre. Le corps est réalisé selon la technique du tissu fripé, expliquée ci-après. Les cornes, la tête et les pattes sont ouatinés.

La technique du tissu frippé

Coupez un morceau de tissu trois fois plus grand que la surface à recouvrir. Posez le centredu morceau de tissu sur le centre de cette surface. Plissez et rentrez la partie centrale du tissu, en évitant de le tendre, dans la plaque de carton-mousse.
Commencez par le milieu du dessin en vous rapprochant des bords au fur et à mesure.
Une fois la surface recouverte, coupez l'excédent de tissu et faites disparaître cette découpe disgracieuse dans l'épaisseur de la plaque de carton-mousse.

Enlevez la feuille de protection et appliquez le papier vert.

Fripez et rentrez le tissu dans les incisions.

Le cheval au galop

Dimensions du tableau
30 cm × 24 cm

Fournitures

- du carton-mousse de couleur or de 30 × 24 cm
- des morceaux de tissus d'ameublement
- de la toile de jute
- de la ouatine
- de la peinture dimensionnelle pour l'œil
- un cadre de 24 × 30 cm
- une attache de suspension.

Réalisation

Reportez le dessin du cheval selon la technique du transfert expliquée en page 20 pour la réalisation de L'oie champêtre. Posez les tissus. L'ensemble du corps est ouatiné sauf les deux pattes confectionnées en velours foncé. En final, peignez l'œil.

La crinière et la queue

Dans la toile de jute, coupez une bande de 15 × 5 cm. Rentrez cette bande dans l'incision pratiquée dans la plaque de carton-mousse sur toute la longueur du trait du dessin de la crinière. Ajustez la longueur du tissu en faisant des petits plis. Tirez les fils un par un. Arrêtez à 5 mm de l'incision. Confectionnez la queue dans un morceau de toile de jute de 4 × 10 cm.

LES GRANDES VACANCES

Les grandes vacances

Dimensions de chaque tableau
18 cm × 24 cm

Fournitures

- deux morceaux de carton-mousse de 21 × 29,7 cm
- trois morceaux de tissus de couleurs différentes
- des feutres fins de couleurs
- deux cadres de 18 × 24 cm
- deux attaches de suspension.

Réalisation

Reportez les dessins sur les plaques de carton-mousse. Posez les tissus. Dessinez les illustrations avec les feutres de couleurs.

Remarque : Afin que la plaque de carton-mousse ne se déforme pas, collez la même qualité de papier sur l'endroit et sur l'envers.

La toise aux ballons

Dimensions de la toise
98 cm × 22 cm

Fournitures

- deux morceaux de carton-mousse de 22 × 49 cm
- une feuille de papier calque de 98 × 22 cm
- un crayon à papier
- du ruban adhésif
- 110 cm de plastique adhésif imitation bois
- cinq morceaux de tissus de couleurs différentes
- des bandes 30 × 5 cm de tissu pour l'encadrement
- de la ouatine
- une paire de ciseaux cranteurs
- de la ficelle de cuisine pour les cordelettes
- des caractères transferts pour les chiffres.

Réalisation

Prenez les deux plaques de carton-mousse. Assemblez-les en les maintenant avec le ruban adhésif. Découpez deux fois, au format du support, le plastique adhésif imitation bois, et posez ces deux bandes au recto et au verso du support. Symbolisez la règle (le trait blanc sur la photographie) en incisant dans le plastique une bande de 2 mm de large et à 8 cm du bord extérieur gauche sur toute la hauteur de la toise. Reportez les dessins. Posez les tissus. Les ballons sont ouatinés. Coupez les cordelettes des ballons et glissez-les dans les incisions. Posez les caractères transferts.

L'encadrement en tissu

Sur l'endroit du support faites une incision tout autour à 1 cm des bords extérieurs et sur l'envers à 1,5 cm. Prenez le tissu et à l'aide de la paire de ciseaux cranteurs, découpez une bande de 3 cm de large. Sur l'endroit du support, posez une des extrémités de cette bande dans l'incision. Rabattez le tissu vers l'arrière du support et rentrez-le dans l'incision pratiquée. Coupez l'excédent de tissu et rentrez le surplus. Terminez l'encadrement de la même manière en superposant légèrement les tissus entre eux.

Rentrez le tissu de la chevelure.

Couvrez l'angle, rentrez le tissu, agissez de même au dos de la toise.

Continuez en superposant légèrement les tissus entre eux.

Incrustez le tissu du ballon.

Posez les chiffres adhésifs tous les 5 cm.

Premiers regards...

Dimensions du tableau
18 cm × 24 cm

Fournitures

- du carton-mousse de 21 × 29,7 cm
- cinq morceaux de tissus de couleurs différentes
- de la ouatine
- des crayons de couleur
- un cadre de 18 × 24 cm
- une attache de suspension.

Réalisation

Sur le carton-mousse, reportez le dessin. Posez les tissus. Les ballons, les bras, les cheveux et les chaussures situées au premier plan, sont ouatinés. Coloriez les visages, les mains les jambes, l'herbe et les fleurs aux crayons de couleur.

Tracez légèrement l'axe de symétrie.

Coloriez.

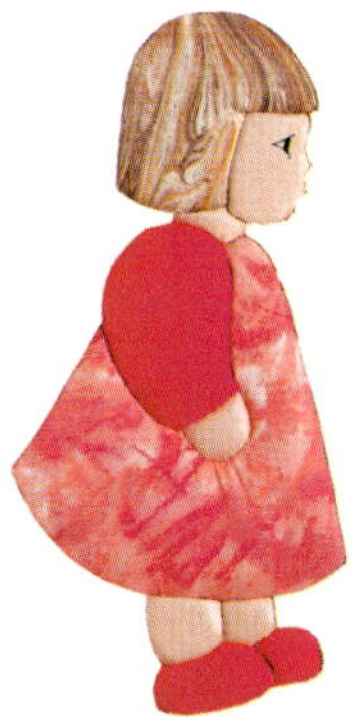

Le petit miroir

Dimensions du tableau
40 cm × 30 cm

Fournitures

- du carton-mousse adhésif de 40 × 30 cm
- une feuille de papier-calque de 40 × 30 cm
- 1 morceau de papier peint pour le fond de 50 × 30 cm
- du ruban adhésif
- quatre morceaux de tissus de couleurs différentes
- une paire de ciseaux cranteurs
- un crayon à papier
- de la ouatine
- de la ficelle de cuisine teintée rose foncé *(cordelette)*
- un miroir de 30 × 40 cm
- un cadre de 30 × 40 cm
- une attache de suspension

Réalisation

Enlevez la protection adhésive du carton-mousse. Collez le papier peint. Reproduisez les dessins en vous reportant à la technique du transfert expliquée en page 20 pour la réalisation de L'oie champêtre. Évidez la forme des cœurs en suivant leur contour. Posez les tissus. La chevelure, le bras et la robe de la petite fille sont ouatinés. Rentrez la cordelette dans l'incision.

Sur l'endroit de votre ouvrage, incisez le tour du grand coeur-miroir à 1,5 cm du bord et à 1 cm sur l'envers. Posez le tissu en vous reportant à la technique du tissu plissé expliquée en page 10 pour la réalisation de Joyeux anniversaire, mais cette fois en plissant également le tissu sur la face envers.

Pour le petit coeur-miroir, les incisions sont pratiquées à 5 mm du tour sur l'endroit et à 10 mm sur l'envers.

Appliquez la photocopie du dessin sur le carton mousse.

Perforez à l'aide de l'aiguille à tricoter.

Piquez le centre du carré en tissu.

Rentrez le tissu.

LE TABLEAU ROMANTIQUE

Le tableau romantique

Dimensions du tableau
18 cm × 24 cm

Fournitures

- du carton-mousse de 21 × 29,7 cm
- cinq morceaux de tissus de couleurs différentes
- de la ouatine
- 15 × 1 cm de ruban mauve
- une paire de ciseaux cranteurs
- une aiguille à tricoter
- de la feutrine pour le bouquet
- de la colle universelle sans solvant
- un cadre de 18 × 24 cm
- une attache de suspension.

Réalisation

Appliquez le dessin sur le carton-mousse . Posez les tissus. La robe de la jeune fille et le haut du chapeau sont ouatinés. Pliez le ruban en deux et introduisez-le dans l'incision. Découpez des carrés de feutrine de 2 à 3 cm de côté environ.

Le bouquet de fleurs est réalisé selon la technique du tissu piqué, expliquée en page 18 pour la réalisation de L'ourson en pratiquant des trous, à l'aide de l'aiguille à tricoter à intervalle de 10 mm sur la surface à recouvrir.

Paul et Julie

Dimensions de chaque tableau
18 cm × 24 cm

Fournitures

- deux plaques de carton-mousse de 21 × 29,7 cm
- neuf morceaux de tissus de couleurs différentes
- de la ouatine
- 15 × 1 cm de ruban
- de la colle universelle sans solvant
- des cotons à broder de couleurs différentes
- des crayons de couleur
- deux cadres de 18 × 24 cm
- deux attaches de suspension.

Réalisation

Appliquez chaque dessin sur son carton-mousse. Posez les tissus. La veste de Paul, la poupée de Julie et les dessus des chapeaux sont ouatinés. Encollez la surface sur laquelle viendront se poser les cheveux et le petit ruban de la poupée. Disposez harmonieusement les brins de coton à broder. Rentrez, une de leurs extrémités, dans l'incision et coupez les autres à la bonne longueur. Pliez le ruban en deux et incrustez-le. Coloriez les illustrations.

Incisez les traits du dessin.

Rentrez les tissus.

Le petit clown

Dimensions de la boîte
18 cm × 24 cm × 15 cm

Fournitures

- du carton-mousse de 48 × 63,5 cm et de 5 mm d'épaisseur
- une feuille de calque de 18 × 24 cm
- un crayon à papier
- de la colle universelle sans solvant
- du ruban adhésif
- sept morceaux de feutrine de couleurs différentes
- un feutre fin noir
- une demi-perle de bois rouge pour le nez Ø 2 cm
- un cadre de 18 × 24 cm.

Réalisation

Sur la plaque de carton-mousse reportez le schéma de la boîte à taille réelle. Incisez à mi-chair (voir explication ci-après) les traits indiqués en vert. Évidez délicatement la mousse sans découper ni déchirer le papier de fond. Faites un essai du bon fonctionnement de la boîte en la repliant. Gainez de feutrine. Retournez la plaque de carton-mousse. Reportez le dessin du clown. Posez les tissus. Collez le nez. Encollez les zones indiquées par un hachurage sur le schéma. Mettez la boîte en forme en la maintenant par du ruban adhésif le temps du séchage. Posez et fixez le cadre en bois sur le couvercle.

La découpe à mi-chair

Incisez uniquement une des deux faces de la plaque, l'autre face servira de charnière.

Remarque : Si le couvercle ne ferme pas correctement, faites une découpe en biseau dans le carton-mousse.

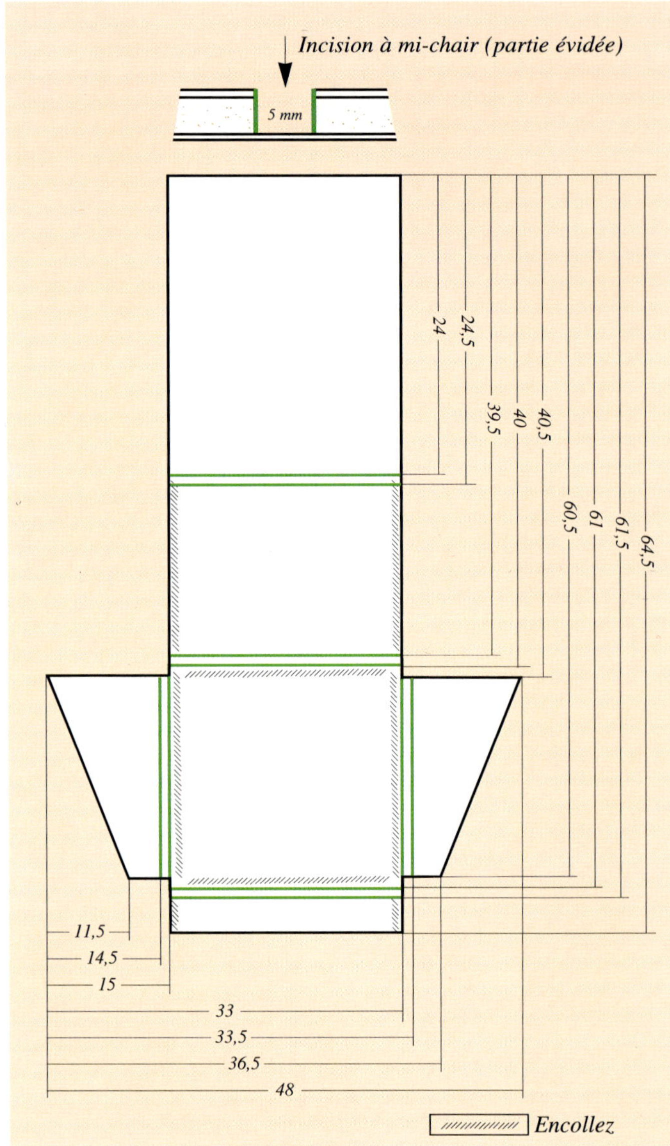

Le plateau fête des mères

Dimensions du plateau présenté
45 cm × 33 cm

FOURNITURES

- du carton-mousse dont les dimensions seront inférieures de 2 mm à celles du plateau
- une vitre aux mêmes dimensions que le carton-mousse
- un plateau
- deux baguettes de balsa de section 3 × 3 mm
- cinq morceaux de tissus de couleurs différentes
- un feutre de couleur (de votre choix)
- de la colle universelle sans solvant
- de la ouatine
- 15 cm × 1 cm de ruban vert
- une aiguille à tricoter
- de la feutrine pour le bouquet
- une paire de ciseaux cranteurs.

RÉALISATION

Ce modèle est réalisé sur le même principe que le tableau romantique expliqué en page 36.
Écrivez un message personnel au feutre de couleur.

MONTAGE

Posez votre réalisation dans le fond du plateau.
Ajustez et collez les baguettes sur les quatre côtés.
Posez la vitre.

Le plateau fête des pères

Dimensions du plateau présenté
45 cm × 33 cm

FOURNITURES

- du carton-mousse dont les dimensions seront inférieures de 2 mm à celles du plateau
- une vitre aux mêmes dimensions que le carton-mousse
- un plateau
- deux baguettes de balsa de section 3 × 3 mm
- quatre morceaux de tissus de couleurs différentes
- un feutre rouge
- de la ouatine
- de la gouache
- un pinceau.

Réalisation

Reportez le dessin sur le carton-mousse. Posez les tissus. La veste et le saxophone sont ouatinés. Les reflets des vitres et de l'ombre sont traitées à la gouache. Inscrivez votre message personnel au feutre rouge. Montez le plateau de la même manière que celui de la page 42.

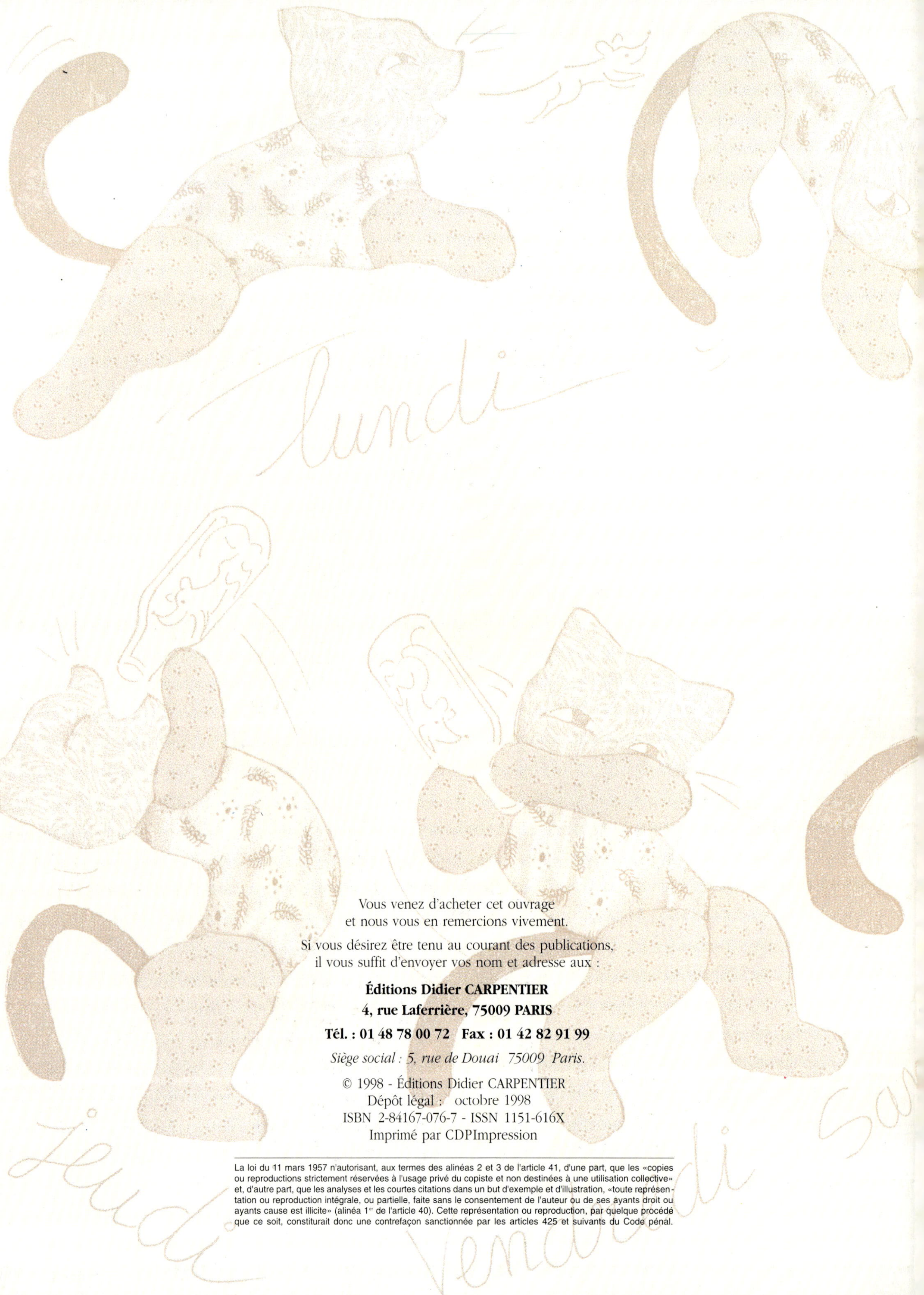

Vous venez d'acheter cet ouvrage
et nous vous en remercions vivement.

Si vous désirez être tenu au courant des publications,
il vous suffit d'envoyer vos nom et adresse aux :

Éditions Didier CARPENTIER
4, rue Laferrière, 75009 PARIS

Tél. : 01 48 78 00 72   Fax : 01 42 82 91 99

Siège social : 5, rue de Douai 75009 Paris.

Dépôt légal : octobre 1998
ISBN 2-84167-076-7 - ISSN 1151-616X
Imprimé par CDPImpression